Merci à Ulysse pour sa participation aux images de l'album.
Y. T.

Dans la même collection :

La cour couleurs
Anthologie de poèmes contre le racisme
de Jean-Marie Henry et Zaü

Tour de Terre en poésie
Anthologie multilingue de poèmes du monde
de Jean-Marie Henry et Mireille Vautier

Le tireur de langue
Anthologie de poèmes insolites, étonnants ou carrément drôles
de Jean-Marie Henry et Roland Roure

Le fabuleux fablier
Anthologie de fables de tous les temps pour mieux vivre ensemble
de Jean-Marie Henry et Régis Lejonc

Direction éditoriale : Alain Serres
Maquette : BHT + K.O.

Dépôt légal : avril 1999
Imprimé en France en juillet 2002
sur les presses d'IFC à Saint-Germain-du-Puy (18)
ISBN : 2-912084-16-4

NATURELLEMENT

Poèmes réunis par Jean-Marie Henry

Images de Yan Thomas

Préface d'Hubert Reeves

RUE DU MONDE *La Poésie*

Préface

Te donner envie d'être plus sensible à la nature, à sa beauté et à sa fragilité, voilà un des plus beaux cadeaux qu'on puisse te faire.

La poésie te l'offre. Elle a ce pouvoir magique de donner plus d'existence et de substance à l'univers qui nous entoure.

Mettre en poème les animaux et les plantes nous les fait voir sous un angle nouveau. Les mots tissent des liens entre les êtres.

Ils les font émerger de l'ombre anonyme où ils seraient peut-être indéfiniment demeurés.

Tout ceci est joliment exprimé dans un haïku japonais :

J'ai vu une herbe folle.
Quand j'ai su son nom,
Je l'ai trouvée plus belle.

Dans la foulée, j'en ai composé un moi-même, pour toi :

Dans le sous-bois,
un tapis de pervenches.
Le printemps est revenu.

Cette simple fleur, élément unique de l'univers, mérite notre regard attentif comme la plus fabuleuse des galaxies.

Hubert Reeves,
astrophysicien

À L'AUBE DU BUISSON

À l'aube du buisson
on peut voir se lever
la flamme d'un oiseau

la lumière se poser
dans la main des feuilles

la pluie enchanter
ses abeilles limpides

le silence à genoux
et les heures offertes
comme des fruits sucrés

On peut voir bien des choses
à l'aube du buisson

Jean-Pierre Siméon

LE PEUPLE DES PRÉS

Le peuple des prés m'enchante. Sa beauté frêle et dépourvue
de venin, je ne me lasse pas de me la réciter.
Le campagnol, la taupe, sombres enfants perdus
dans la chimère de l'herbe, l'orvet, fils du verre, le grillon,
moutonnier comme pas un, la sauterelle qui claque
et compte son linge, le papillon qui simule l'ivresse et agace
les fleurs de ses hoquets silencieux, les fourmis assagies
par la grande étendue verte, et immédiatement au-dessus
les météores hirondelles...
Prairie, vous êtes le boîtier du jour.

René Char

INSTANT DE PRÉ

Herbe dans l'herbe,
Morceau mal séparé des prés,
Je me répandais ;
Agités de vents
Le blanc de l'air, le bleu du ciel,
Descendaient sur ma face.

Et sobrement dans mes deux mains
Je buvais le grand bol de l'aube.

Très lentement, respirant l'air et le vent,
Une grenouille
Dispose dans sa gorge ses renflements.

Armand Robin

CHANT DE RÊVE

tandis que mes yeux
fouillent
la prairie
je sens l'été
dans le printemps

Anonyme (Indien Chippewa)

L'HYMNE À LA FORÊT

Regarde ces rameaux ployant sous le poids
Des bignonias en fleur ; vois le difforme
Entrelacement des lianes qui rappelle
Les fils suspendus d'une araignée énorme ;
Vois ces troncs durs, les uns luisants
Les autres mats, les uns raides,
Les autres courbes, tordus, paraissant
En leurs contorsions les ombres de condamnés ;
Vois... Ce cri ? ce tintement à ton oreille
De marteau en bigorne ? ces gémissements ?
Ces sanglots et ces longs éclats de rire,
Ici, des sifflements, et de temps en temps
Des sylves, alouettes,
glapissements et claquements ?
Ce sont des oiseaux, ce sont des éperviers,
ce sont des arapongas,
Ce sont des guaches et des toucans,
ce sont dans les grottes
Des insectes et reptiles... Chant admirable !
Symphonie fantastique !
Elle écoutait.
— Qu'est-ce que c'est ? Et je lui expliquais
L'hymne de la forêt.

Alberto de Oliveira

LA GRAINE EST CETTE ÉTOILE

La graine est cette étoile
qui médite.

Elle fait semblant
de dormir sous la neige
mais elle écoute
les bruits du gel.

Il suffira
d'une haleine plus douce
pour que gonflent ses lèvres.

Elle poussera l'humus
jusqu'au geste des feuilles
où le ciel posera
tant de verbes anciens
que le temps végétal
n'aura plus qu'à venir.

Christian Da Silva

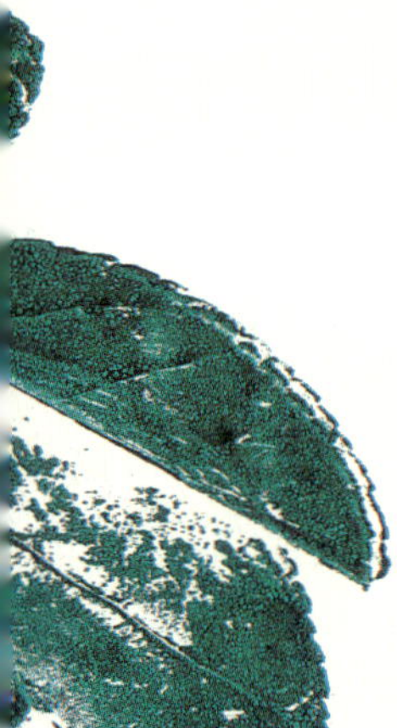

LE PREMIER ARBRE

C'était lors de mon premier arbre,
J'avais beau le sentir en moi
Il me surprit par tant de branches,
Il était arbre mille fois.
Moi qui suis tout ce que je forme
Je ne me savais pas feuillu,
Voilà que je donnais de l'ombre
Et j'avais des oiseaux dessus.
Je cachais ma sève divine
Dans ce fût qui montait au ciel
Mais j'étais pris par la racine
Comme à un piège naturel.
C'était lors de mon premier arbre,
L'homme s'assit sous le feuillage
Si tendre d'être si nouveau.
Était-ce un chêne ou bien un orme
C'est loin et je ne sais pas trop
Mais je sais bien qu'il plut à l'homme
Qui s'endormit les yeux en joie
Pour y rêver d'un petit bois.
Alors au sortir de son somme
D'un coup je fis une forêt
De grands arbres nés centenaires
Et trois cents cerfs la parcouraient
Avec leurs biches déjà mères.
Ils croyaient depuis très longtemps
L'habiter et la reconnaître.

Jules Supervielle

L'ORME MALADE

Le grand arbre calme allait de soi
les oiseaux habitaient ses étages
depuis les moineaux friquets au premier
jusqu'au couple de hulottes au sommet
les enfants y bâtissaient des maisons aériennes
aussi cachées que celle du Robinson Suisse
On ne pensait pas à l'orme comme à un vivant
puisqu'il était la vie sans nom de personne
On disait « l'arbre » et le vent répondait
Aujourd'hui l'arbre va très mal
Il est malade Il va mourir
Il se dessèche et roussit
comme s'il était incendié du dedans
Vivant ce n'était qu'un arbre
Mort c'est un vieil ami mort
Il aurait dû verdir bien plus longtemps que nous
Il s'en est allé le premier

Claude Roy

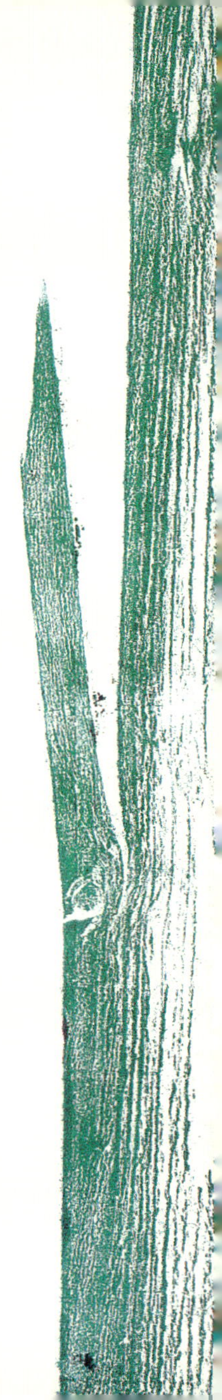

UN RAMEAU DESSÉCHÉ

Un rameau desséché

Qui craque
De soleil

Et dont le craquement

Épargnera peut-être
À la plaine le feu.

Guillevic

MAGMA

Il se réveilla,
toussa,
éructa.

La quinte le reprit,
l'oppressa,
l'étouffa.

D'un coup, il fit sauter le chapeau
qu'il n'avait plus ôté
depuis des décennies.

Il en sortit des pluies
de feu,
de suies,
de cendres.

Longtemps, il hoqueta,
bava,
tira la langue
tel un loup, flancs ouverts,
à bout de vie exsangue.

Pas de foule accourue,
peu de flashes,
de rares paysans de la montagne à vaches.

Alors, déçu, vexé, il referma la bouche,
fit taire son étuve
puis il se rendormit
avec ses rêves de Vésuve.

Pierre Coran

AU NIL

Gloire à toi, père de la vie !
Dieu secret sorti des ténèbres secrètes,
Tu inondes les champs créés par le Soleil.
Tu désaltères les troupeaux,
Tu abreuves la terre.
Route céleste, tu descends des hauteurs.
Ami des blés, par qui croissent les graines.
Dieu qui révèle, éclaire nos demeures !

Que les mains se reposent :
Tu travailles pour tes millions d'enfants.
Si tu décroîs, les dieux s'écroulent
et les hommes
Deviennent plus fragiles que leur ombre.
Lorsque tu brilles, lorsque tes dons
descendent,
La terre frissonne de joie,
Tout renaît, tout reçoit nourriture,
Toute bouche s'emplit de vivres.

Anonyme (Égypte, 2 000 av. J.-C.)

EAU QUI SE PRESSE

(extrait)

Eau qui se presse, qui court
eau oublieuse que la distraite terre boit
hésite un petit instant dans ma main creuse
souviens-toi.

Rainer-Maria Rilke

LE RETOUR À LA MER

Usinées
tamisées
usées
rapiécées
égouttées
dégoûtées
les eaux se jettent à l'eau

Jacques Prévert

GRANDE MARÉE

Aujourd'hui grande première
à la mer
Sous la baguette du vent
l'océan joue Wagner

Et sautent les vagues
comme des petits rats
en tutus d'écume blanche

Les jours de grande marée
ne venez pas chez moi
je suis à l'opéra

Clod'Aria

BALEINE

Sur le rivage, l'océan
crache un monstre :
une montagne
de graisse que travaillent
le soleil
et, de leur bec vorace,
les oiseaux.
Festin des mouettes
et jusqu'au ciel
ô puanteur géante !

Dans quel repli de sable
veille encore ta petite âme bleue,
baleine ?

Jean Joubert

AQUARELLE

La mer s'ouvre par des lèvres fines et nues.
Les rochers barrent le courant
qui amène du large os de seiches et bêtes pourries.
Dans les flaques d'eau l'arrogance des crabes
et la panique des crevettes.
Le temps est frais. Le sable blanc agité par la marée
éponge le pétrole et les kilos de mazout.

Paol Keineg

LA MER

La mer se réveille
ouvre son grand œil et dit :
quel habit prendrai-je aujourd'hui ?

Gisèle Prassinos

ODE À L'AIR

(extrait)

Sur un chemin
j'ai rencontré l'air,
je l'ai salué, je lui ai dit
respectueusement :
« Je suis heureux
que pour une fois
tu laisses là ta transparence,
comme ça nous pourrons parler. »
L'infatigable
dansa, remua les feuilles,
fit tomber d'un éclat de rire
la poussière de mes semelles,
et dressant toute
sa mâture bleue,
son squelette de verre,
ses paupières de brise,
immobile comme un grand mât
il se maintint pour m'écouter.
Moi, je baisai sa cape
de roi du ciel,
je me drapai dans son drapeau
de soie céleste
et lui dis :
monarque ou camarade,
fil, corolle, ou oiseau,
je ne sais qui tu es, mais
je te demande une chose :
ne te vends pas.

Pablo Neruda

APPRENEZ À NE DÉTRUIRE

Apprenez à ne détruire
ni l'air ni l'eau ni la terre
sans quoi s'efface le rire
que vous promet leur mystère.

Jean-Claude Renard

L'ARBRE DE TCHERNOBYL

Quand des hommes renversent un nid tiède
du sommet de l'arbre de Tchernobyl,
ils brisent les enfants Là-bas
à la pâleur ukrainienne
et les œufs à la coquille fine
des oiseaux d'Ailleurs.

Quand des hommes font exploser l'air
qui servait de frontières naturelles
à tous les pétales d'une même fleur,
ils irriguent d'un mortel poison
les allées des jardins de Partout.

Ailleurs, Partout, les hommes n'ont qu'une ville
ronde et fragile.

Alexis Lavialle

LES ENVOLS DES CORBEAUX

Toujours t'étonnaient
Les envols des corbeaux,

Pour quelle croisade
Partis ensemble ?

Quand ils revenaient
Tu aurais voulu compter
S'il en manquait,

Pour savoir si la troupe
Était allée quelque part
Sacrifier certains d'entre eux

En un lieu choisi.

Guillevic

DEUX

Deux pigeons s'aimaient d'amour tendre
Deux corbeaux s'aimaient d'amour noir
Deux mésanges s'aimaient d'amour bleu
Deux pies s'aimaient d'amour bavard
Deux autruches s'aimaient d'amour lourd
Deux pinsons s'aimaient d'amour gai
Deux vautours s'aimaient eux aussi

Michel Besnier

LE LORIOT

Je lui dis : « Rends-moi cette cerise,
tout de suite.
— Bien », répond le loriot.
Il rend la cerise et, avec la cerise,
les trois cent mille larves d'insectes
nuisibles qu'il avale dans une année.

Jules Renard

LES MOINEAUX

On enviait les moineaux
D'être partout en récréation,

Indifférents
Aux pesanteurs,

Vainqueurs
Sans question.

Guillevic

TOURTERELLE

Roucou, roucou,
roucoucou

roucoucoulait d'amour perdu
la tourterelle
au bois d'amour

que ravageait
un bulldozer rouge
aux dents de fer.

Jean Joubert

MONTAGNE

Au refuge, les hommes vivent
à même la tendresse :
avec les chiens.

Lorsqu'ils parlent de la montagne,
leur voix
devient rugueuse et douce
comme les pulls en grosse laine.

Un oiseau étonné d'apprivoiser l'hiver
se pose
parmi des buissons de neige qui fondent
sous sa gorge.

Il reste là, jusqu'à ce qu'une aurore bruisse
au cœur des buissons attiédis, puis
il remonte dans l'hiver,

Un reflet de soleil au bec.

Quand les ombres deviennent longues
et les colchiques,
on entend les troupeaux
descendre vers l'automne.

Marie-France Subra

LE PETIT GRILLON

Le petit grillon qui garde la montagne
A bien du mérite croyez-moi
Quand de partout
Coucous et hiboux font ou
Coucou coucou
ou ouh ouh ouh ouh
À d'autres coucous
Ou d'autres hiboux
Qui font à tout coup
ou coucou coucou
ou ouh ouh ouh ouh
Toute toute toute la nuit
Le petit grillon vaillant
A bien du mérite
Et qu'est-ce qui le retient
Dites-le moi
Messieurs
De se croiser les bras
Et de dormir longtemps
Sa tête
Entre ses deux yeux

Paul Vincensini

PETIT MAMMOUTH

Petit mammouth blotti dans un glacier

son œil vert clignote
à chaque chant d'oiseau

Au millimètre de chaleur
il avance

Jean Orizet

LIBRE CHEVAL

Libre cheval des collines basques
rattaché par rien à personne,
tu fouilles au hasard le labyrinthe sauvage du ciel.

Ta liberté se bat contre le froid quand il fait froid.
Tes naseaux contre la fougère humide quand il fait nuit.

Tu ne demandes rien. Pas même un poème.
Tu ne donnes rien. Mis à part ton poème
qui palpite
et ruisselle
sous l'indifférence de l'averse.

Frédéric Charles

UN CHEVAL SUR LES BRAS

Alors te voici avec un cheval sur les bras
Et tu veux le vendre à des marchands ?
Est-ce que tu aurais oublié
Qu'il a mis des années-lumière de courage
De foin piquant, de gués à traverser
De lanières sanglantes, de caresses,
Pour arriver jusqu'à ton seuil ?

Tu n'as donc pas la mémoire des sueurs
Ni des sommeils inquiets sur les collines ?
Tu ne vois pas qu'il regarde vers le verger
Là où sont les arbres affables, les écorces
Où il pourra se dépouiller de ses terreurs
Et ruer s'il lui plaît sur les givres naissants ?

Charles Bourgeois

LE CHEVAL

Le cheval attendait son tour
dans le pré du boucher
De l'autre côté de l'échalier
son vieux maître était là
tout gauche
immobile
silencieux
Ils se regardaient dans les yeux...

Et lorsque quelqu'un venait
le vieux faisait semblant de pisser...

Clod'Aria

AMOURS

Voici revenue la saison d'être
bien plus qu'un loup,
bien plus qu'une louve :
un loup plus une louve.
Histoire de faire naître
d'autres histoires de loups,
de louves, de nouvelles saisons.

Frédéric Charles

LA SULTANE

C'est la Sultane, la vache qu'il préfère, celle qu'il n'a jamais traitée de sale garce. En ce soir d'hiver, il est seul à l'écurie et il la veille. Elle est couchée et va vêler d'un moment à l'autre. Appuyé contre son cou, il lui parle et la gratte là où elle aime à être grattée, derrière les cornes.
À différents signes, on peut constater qu'elle est inquiète et il la réconforte.
Il apprécie ce silence et cette douce chaleur qui règnent à l'écurie. Il dispose avec grand soin de la paille derrière la Sultane, afin que le veau soit reçu par ce doux tapis lorsque les hommes arc-boutés sur les cordes le tireront hors de son ventre. Aux autres vaches, il donne une petite fourchée de regain.
Il éprouve chaque fois un bouleversant plaisir à voir naître un veau, et il est tout excité par l'imminence de l'événement.
Qu'importe si demain il ne sait pas ses leçons.
Avec une pareille excuse, il ne devrait pas être puni.
La poche crève, le liquide s'écoule, et il change la paille, confus de l'avoir étendue trop tôt. Apparaissent les petits sabots à la corne toute pâle et tachée de sang, puis les pattes.
Il est pris d'une intense émotion.
Il bondit, traverse la cour en quelques enjambées, surgit dans la cuisine, et aux hommes qui jouent à la belote, il crie sur un ton où il entre de la supplication :
— Venez vite, venez vite, c'est le pur moment.

Charles Juliet

LE CHAT

La naissance de quatre chats un matin
de juillet me fait penser quatre fois à la mort.

Paol Keineg

LE POUSSIN

C'est une graine enveloppée de plumes
et qui se promène avant de germer.

Luc Dietrich

CHANT DE REMONTÉE DU SAUMON

Eau brillante, onde qui fuit
À la bouche des fontaines,
À l'œil sourcilleux du puits,
En la nappe souterraine
Ou au grand jour, dans son lit
De fleuve qui se promène,
Traversant villes et plaines,
Doux remous, leurs clapotis,
J'aime à remonter vos veines
Vers la source de ma vie.

J'ai laissé aux mers lointaines
Mon passé de sel, je suis
De nouveau l'hôte des sennes,
Eau brillante, onde qui luit,
À tes rives je ramène
Mon goût d'enfance, en dépit.
Des poissons que tu entraînes,
Des barrages qui te scient,
De l'hameçon, de la haine :
Salut, source, me voici !

Marc Alyn

OIE

Oie sauvage oie sauvage
à ton premier voyage
quel âge avais-tu ?

Issa

LES TÊTARDS

Un têtard
Au fond de l'eau
File, file
Au grand galop ;
Puis deux, trois,
Quatre se ruent,
Et bientôt
C'est la cohue :
L'un déjà
Bouge ses pattes ;
L'autre encore
Est cul-de-jatte ;
On s'écrase,
On se bouscule,
On tourne,
On vire,
On circule,
On zigzague,
On déménage...
Qu'importe où l'on nage !
On nage,
On se hâte,
On s'écrabouille,
On veut
Devenir
Grenouilles !

Boris Zakhoder

LA CHENILLE

Elle épouse le rail unique des nervures
Avec ses soufflets ses wagons
tous nos rêves en voiture
jusqu'à la gare papillon

Omnibus et chenillard
voici donc la gare cocon
agitez vos blancs mouchoirs
mon terminus c'est papillon

Voici la fin de l'aventure
je m'envole c'est ma station
qu'on me pardonne les ratures
puisque voilà le papillon

Jean-Hugues Malineau

LE POISSON ROUGE

Entre les parois invisibles
— Eau liquide, verre solide —
De son bocal, bulle et prison,
Le poisson rouge tourne en rond.

À chaque moment de sa ronde,
Qu'il poursuivra sa vie durant,
Le poisson voit le même monde
Dont il est le centre mouvant.

L'univers de notre poisson
Est une boule, sa planète,
Entourée d'astres, de comètes
Qui sont les lampes du salon.

Le ciel est courbe, quel silence !
Où allons-nous ? se dit poisson.
Parfois la main d'un Dieu immense
Verse une manne de grains ronds.

Marc Alyn

LA NOISETTE

Elle a parfois
— Avec l'écureuil —

Des tête-à-tête

Qui ne portent pas leurs fruits

Jean-Claude Tardif

ENTRE

Entre deux règnes,
entre deux branches,
Entre la terre et l'horizon,
Entre la parole et le son,
À mi-chemin de tout destin
Avec ses mains roses ou blanches,
Son corps qui malgré lui s'élance
Vers le fruit doré du soleil,
Avec ses grands yeux en éveil,
Son front ridé qui presque pense,
Entre deux vies, entre deux trains,
Entre l'animal et l'humain,
Entre l'instinct et la conscience,
Hésitant, du soir au matin,
Printemps, été, jeudi, dimanche,
Le singe sans fin se balance.

Marc Alyn

LA TORTUE

La Terre
Était toute
Étonnée
De la vitesse
De la tortue.

Malcolm de Chazal

CHIEN AUX ÉCOLIERS

Les écoliers par jeu brisent la glace
dans un sentier
près du chemin de fer
on les a lourdement habillés
d'anciens lainages sombres
et ceinturés de cuirs fourbus
le chien qui les suit
n'a plus d'écuelle où manger tard
il est vieux
car il a leur âge.

Jean Follain

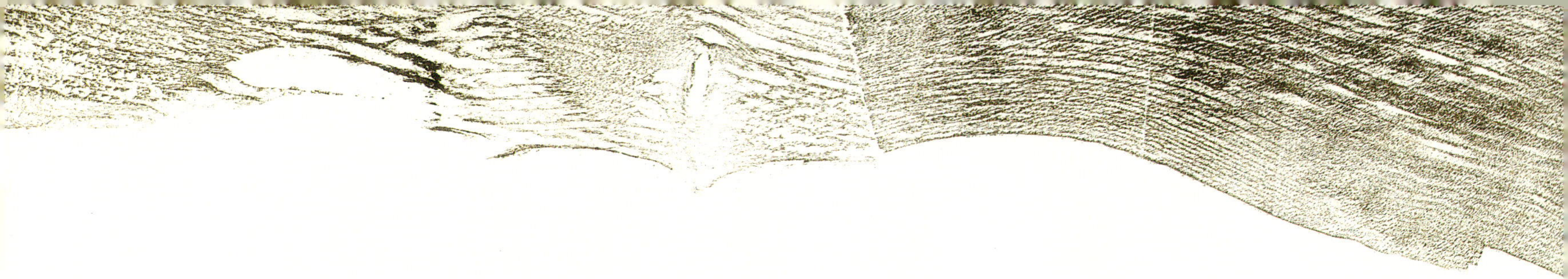

PENTE D'HERBE

Souvent, pour la joie animale
de me sentir emporté
comme pour mourir
je dévalais la colline
à contre-courant des mouvements herbeux
et mes jambes étaient tout puis plus rien
mes jambes étaient d'air
et ce pommier pourquoi se mettait-il à courir ?

Oui, plus bas, quand la pente avaleuse
me rendait mes jambes de géant
j'aurais voulu mourir
m'abattre au fond
dans la vallée
m'y étendre
mon corps occupant tout le lit du fleuve
l'écluse et les péniches dans le creux de ma main.

Jean Le Mauve

MERCREDI 22 FÉVRIER

Parce que je reste immobile, au-dessus
de moi, le mur s'anime.
D'entre les pierres, sortent de leurs trous
les lézards qui musent au soleil ;
chacun a sa parure, le dos chez les uns
est vert mousse, chez d'autres gris roussâtre,
ou ponctué de brun jaune et de noir.
Tout doucement, je leur parle. Ils tournent
la tête, tendant vers moi la plaque nue
de leur tympan qu'entoure un ovale de perles
minuscules, tandis que la peau de leur gorge
se soulève à chaque battement de cœur.
Je les regarde, ils me regardent,
c'est la même chose que nous éprouvons.

Jacques Brosse

TRÈS OISEAUX

Très oiseaux les oiseaux sont très sûrs d'être oiseaux
L'écureuil sait très bien son métier d'écureuil
Les chevaux dans leur peau de cheval sont chevaux
Le lézard sait par cœur l'art de vivre en lézard
La fourrure du chat tient le chat tout entier
Le renard est renard tout le long de l'année
Le poisson est dans l'eau comme un poisson dans l'eau

Mais moi je m'évapore et me perds et me trouve
et ne suis jamais sûr d'être ce que je suis.

Claude Roy

ZOO

À la tombée de la nuit
Quand se sont refermées les grilles
L'éléphant rêve à son grand troupeau
Le rhinocéros à ses troncs d'arbres
L'hippopotame à des lacs clairs
La girafe à des frondaisons de fougères
Le dromadaire à des oasis tintants
Le bison à un océan d'herbes
Le lion à des craquements dans les feuilles
Le tigre de Sibérie à des traces dans la neige
L'ours polaire à des cascades poissonneuses
La panthère à des pelages passant dans des rayons de lune
Le gorille à des bananiers croulant de leurs fleurs violettes
L'aigle à des coups de vent dans des canyons de nuages
Le phoque aux archipels mouvants de la banquise disloquée
Les enfants des gardiens à la plage

Michel Butor

LE RÉVEIL DES OURS

Emplissant d'épines l'espace
entre notre peau et nos os
un frisson chatouille nos poils
d'où émergent griffes trop longues
écartant péniblement le fouillis
de pailles lichens et terreau
qui nous a servi de cocon
pendant l'épreuve qui sifflait
sur le paysage et soudain
l'odeur d'un lointain miel fait bourgeonner
au fond de nos poitrails cavernes
le grand plaisir d'être des ours

Michel Butor

TROUPEAU

Un troupeau
Qui
Marcherait
Au pas
Ferait
Rire
Les
Autres
Animaux.

Malcolm de Chazal

LE MARTIN-PÊCHEUR

Ça n'a pas mordu, ce soir, mais je rapporte une rare émotion.
Comme je tenais ma perche de ligne tendue, un martin-pêcheur
est venu s'y poser.
Nous n'avons pas d'oiseau plus éclatant.
Il semblait une grosse fleur bleue au bout d'une longue tige.
La perche pliait sous le poids. Je ne respirais plus, tout fier d'être pris
pour un arbre par un martin-pêcheur.
Et je suis sûr qu'il ne s'est pas envolé de peur, mais qu'il a cru
qu'il ne faisait que passer d'une branche à une autre.

Jules Renard

FESTINS

L'oiseau a mangé le ver
Le renard a mangé l'oiseau
Le loup a mangé le renard
L'ours a mangé le loup
L'homme a mangé l'ours.

Et le ver mangera l'homme
Et tout va recommencer

Le jour mangera la nuit
La nuit mangera le jour.

Anonyme (Inuit)

RÊVE DE GRENOUILLE

Les grenouilles chantent
Pendant que les hommes
Vont à la chasse,
Ils n'ont pas faim,
Mais ils s'ennuient : les hommes.
Que cherchent-ils
au fond de leurs besaces
pleines de trous,
Au lieu d'écouter
Les rainettes
Et de regarder les étoiles ?

Dominique Cagnard

LA PALOMBE

dans les mailles de ton vol a passé un filet
et c'est pour toi la mort palombe d'un doute

Gérard Bialetowski

GRANULÉS

Un oiseau
qui mange trop
de granulés
devient
gras
nul
et laid

Michel Besnier

LE CHAMP DE BLÉ

— Tu sais ce que c'est que la guerre ? demandait
le champ de blé au sureau de l'école.
— Ma foi, non ! répondit le sureau.
Il s'adressa alors aux collines :
— Sais pas, avoua la plus petite.
— La guerre ? Je n'ai pas ça sur moi, s'écria une autre.
Le champ de blé songea à la route, sa voisine.
— La guerre, c'est peut-être une herse ? dit-elle.
Il me fit signe.
Je sentis battre mon cœur.
— Et toi, peux-tu me renseigner ?
J'hésitai, puis, dans un souffle :
— La guerre, c'est quand on te remplace par le champ d'honneur.
Cette nuit-là, le champ de blé s'endormit tard sous la Lune.

Jules Mougin

UN LA

La fermière, avec son galurin rabattu
sur le nez, poings sur les hanches parmi ses cabanes

naines. Elle prend son seau de granulés,
donne à boire à ses oies qu'on n'entend plus

jacter. Le bruit du seau
vide qu'elle laisse retomber seul sur

le sol : ce pourrait être là, aussi bien dans
cette tôle creuse qui sonne, où tinte claire

la vacuité des choses sous un soleil
tapant — quelque chose, presque rien au fond

de la sacoche, outils qui ballottent et autres sons
de cloche, sceau brisé libérant soudain l'enveloppe

silencieuse du monde, mais comme une source
ouverte et close — avant que les oies n'entonnent

leur éternelle querelle de scie rouillée
et leurs envolées lyriques les vieux coqs éraillés

Yves Leclair

ORGUE DE BARBARIE

Sous les rails du métro
l'orgue de barbarie
des grillons.

Charles Dobzynski

LE FLEURISTE

Le fleuriste est triste.
Tous ses pots de lavande,
il a fallu qu'il les vende.
Leurs parfums
se sont changés
en trois pièces
de monnaie.
Pff ! Vendre des fleurs
bleues, en ville,
est un métier
douloureux et difficile.

Alain Serres

CŒUR DE BOIS

J'ai un voisin robuste,
Un marronnier de l'avenue Re Umberto ;
Il a mon âge, mais ne le paraît point.
Il héberge des passereaux, des merles, et n'a pas honte,
En avril, de se faire pousser bourgeons et feuilles,
Et des fleurs frêles au mois de mai,
Puis, en septembre, des bogues aux piquants inoffensifs,
Qui renferment de luisants marrons tanniques :
C'est un imposteur, mais naïf : il veut se faire passer
Pour l'émule de son vaillant frère des montagnes,
Grand seigneur aux fruits doux, aux champignons précieux.
Il vit mal. Les trams numéro huit et numéro dix-neuf
Lui écrasent les racines toutes les cinq minutes ;
Il en demeure abasourdi
Et pousse tordu, comme s'il voulait s'enfuir.
D'année en année, il aspire de lents poisons
Du sous-sol saturé de méthane ;
Les chiens l'abreuvent d'urine,
Et la poussière septique des allées
Bouche les rides de son liège ;
Sous l'écorce pendent des chrysalides
Mortes et qui, jamais, ne seront papillons.
Néanmoins, dans son vieux cœur de bois,
Il s'émeut et jouit du retour des saisons.

Primo Levi

HIROSHIMA

(extrait)

Oh, rappelez-vous, rappelez-vous jusqu'à l'éternité,
les morts anonymes d'Hiroshima :
le pêcheur bossu qui venait de recoudre
son filet avec les rayons du soleil, à travers quoi
brillaient les pétales de l'océan
comme des violettes parfumées ;
l'homme-cheval tombé devant sa maison
à la seconde où, souriant à ses enfants,
il leur montrait un animal bizarre,
un vieux vélo qu'il avait acheté ;
il leur disait : «Avec lui, je pourrai courir encore un siècle» ;
les mères tuées près d'un berceau ;
les hommes tués au travail ;
la jeune fille qui, un quart d'heure plus tard,
aurait revu son fiancé, parti
depuis quatre ans à la guerre et qui revenait blessé ;
les malheureux qui priaient
dans les temples aux murmures de source ;
les enfants qui ne sont plus revenus
de l'école et dont les petits tabliers
se balancent encore au vent, orphelins,
beaucoup plus tristes que la mort même...

Eugen Jebeleanu

MON JARDIN

Mon jardin est une tartine bleue
que les oiseaux picorent,
papa bêche la vigne,
un bruit simple comme si on se mouchait,

je jette à l'allée mon noyau de prune
et les cailloux pensent qu'ils ont la berlue,

la vie en tablier chantonne à l'ombre d'une pêche.

L'échelle hésite — ciel ou bois —
c'est une haute racine posée contre l'arbre,
elle tourne autour de lui
et fait la belle devant la branche la plus mûre,

l'oiseau fouille et chante rouge
— cerise prise —

le jardin est lourd après le vent.

Denise Borias

LE CHOU ROUGE

Je n'ai rien vu de plus beau cet été
qu'un chou rouge.
Tranché par le milieu
net et dur comme un caillou
il prit des teintes veineuses sous la lame.

L'enchantement de ses friselures
les durs méandres de ses entrailles bleues
m'attendrirent plus peut-être
que le dallage calculé du cœur de tournesol.

Chou qui croque et qui pique
et colore l'huile et la langue
essaierais-tu de me mener
d'un saut de puceron vers l'Infini ?

Gabrielle Marquet

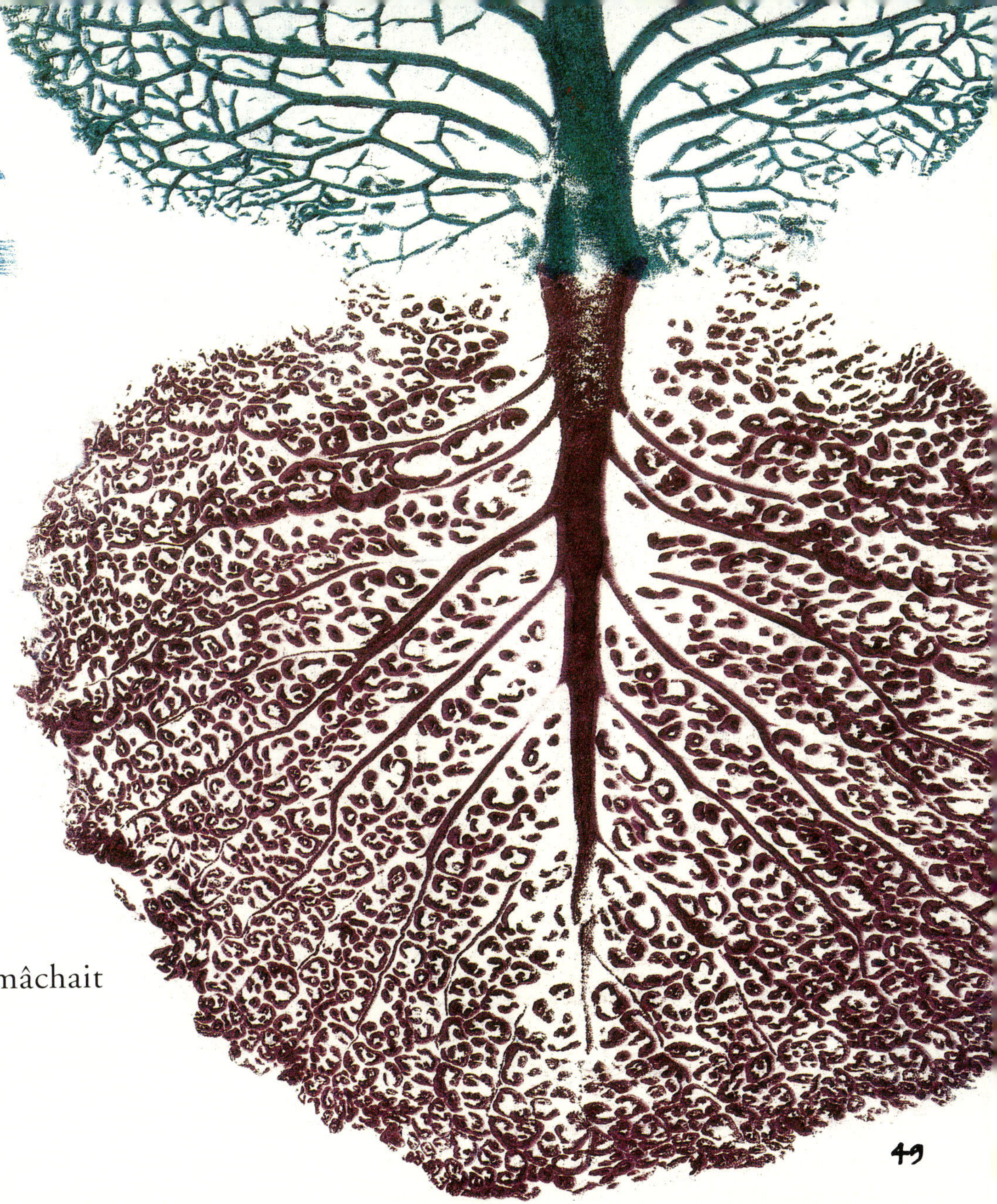

LE FENOUIL

Le fenouil sauvage pousse en bordure
des champs ou à la lisière de la forêt.
On en coupe en passant une branche
que l'on mâche : c'est comme si l'on mâchait
l'Aventure dont le goût et le parfum
se répandent dans le corps.

Daniel Biga

L'ENFANT AUX CULOTTES NOIRES

L'enfant aux culottes noires
Prit une gaule à la main
Pour décrocher les pommes
Ce qu'il espérait
C'était ce coin de bois
D'où l'on découvre les fables

Pour partir en forêt
L'enfant s'était teinté
En vert le galbe des cuisses
Ses boucles se mariaient aux feuilles
Ses traces étaient semblables
À celles des bêtes de nuit
Je suis fils des arbres se dit-il

Et il se demandait pourquoi jusqu'ici
Il avait vécu dans la maison de son père

Andrée Chedid

LE MOT DANS LE NOYAU

Le mot que nous avons
Écrit dans le noyau
Et caché dans la terre
Et qu'un arbre remplace,
Il ressuscitera
Par cent multiplié.

Pour les enfants futurs
Cherchant au cœur du fruit
Le message secret
Sur l'amande gravé,
Si ce mot est amour
Qui le pourrait changer ?

Marcel Béalu

SAUTERELLES

Les sauterelles étaient précieuses, moins que les épeires, l'épeire valait trois sauterelles vertes, beau diadème à huit pattes, bijou empoisonné, poison apprivoisé, on la rangeait dans l'écrin transparent, on l'offrait à une fille, la fille hurlait, un beau cri de fille valait au moins trois gifles, lesquelles n'étaient pas convertibles en insectes.

Jean-Michel Robert

LA LUCIOLE

(extrait)

Les ténèbres rampent,
la luciole d'or
allume sa lampe.

Dans le vent léger,
quand l'enfant sommeille,
la luciole veille
pour le protéger.

Les bambous abaissent
leurs cils vers les eaux ;
les oiseaux se pressent
dans les filaos.

La luciole danse
sur les aréquiers
tournoie et s'élance
vers les bananiers.

De sa voix puissante,
le coq chante enfin.
La luciole éteint
sa lampe tremblante.

Võ Quang

THUYAS

Dans les thuyas
du pharmacien
dessus le mur
de son jardin
l'air de la mer

En hiver
quand j'ai mal
à la mer
ni pilule
ni gélule

Dessus le mur
de son jardin
vais respirer
les thuyas verts
du pharmacien

Joël Sadeler

LA LIBELLULE

Quand passe dans les cieux
Un hélicoptère,
La libellule bleue
Pique une colère.

Elle rage, râle et rogne,
Elle gronde, griffe et grogne.
Pourquoi semblable fureur ?
Elle veut des droits d'auteur.

Pierre Coran

HARICOT VERT

L
e

ha
ri
cot
vert
était
très
comp
lexé
dep
uis
que
sa
li
gn
e,
n'
ét
ai
t
pl
us

à

l
a

m
o
d
e

Madeleine Le Floch

LE GRAND GRABUGE

Il pleuvait comme à la saint Médard,
un temps à vous donner le cafard
mais il n'y avait plus de cafards,
plus de mouches, plus de hannetons.
Il faisait un temps de chien, un temps de cochon.
Il faisait un temps pour les grenouilles, les escargots,
les limaces
mais il n'y avait plus ni grenouilles, ni escargots,
ni limaces.
Il n'y avait plus, non plus, d'éléphants,
ni de poules, ni de lapins,
de girafes, de phoques et de pingouins.
Il n'y avait plus rien,
plus un chat sur cette terre
à force de tuer toujours
et de tuer pour rien.

Alors Noé qui ne retrouvait plus de bêtes
à réunir main dans la main,
pour les sauver du Destin
hurla : «en avant, Arche !
Après moi le Déluge !»

Et ce fut la fin du monde,
le grand grabuge.

Jean l'Anselme

LA GRENOUILLE

Les laveuses sont venues et ont savonné mon bain.
Elles s'éloignent maintenant
et se plaignent des poulaillers
qui polluent en amont.

Paol Keineg

SOLITUDE

Il parlait aux volcans
et s'entendait avec les fleuves.
Le soir, il tutoyait les astres malheureux.
Il signait des traités :
girafes par ici,
vautours par là.
Il écoutait les doléances du caillou,
et partageait ses souvenirs
avec tant d'horizons déçus !
À force de comprendre l'azur et la planète,
il s'éloignait de ses semblables.
Hommes très droits, hommes très justes
apprenez-lui
à être un peu moins seul.

Alain Bosquet

TANT DE FORÊTS

Tant de forêts arrachées à la terre
et massacrées
achevées
rotativées
Tant de forêts sacrifiées
pour la pâte à papier
des milliards de journaux
attirant annuellement
l'attention des lecteurs
sur les dangers du déboisement
des bois et des forêts

Jacques Prévert

ODE À L'ORANGE
(extrait)

Qu'orangée soit
la lumière
de chaque
jour,
et le cœur de l'homme,
son fruit,
qu'il soit acide et doux :
source de la fraîcheur,
qu'il ait et qu'il préserve
la mystérieuse
simplicité
de la terre
et la pure unité
d'une orange.

Pablo Neruda

TABLE DES

OÈMES

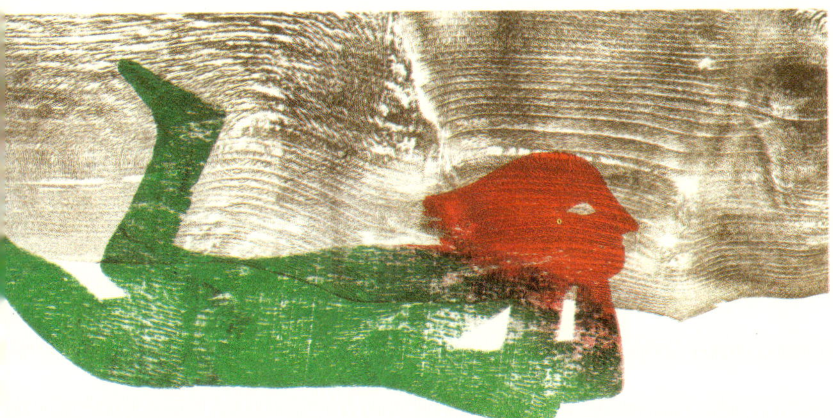